AF290777

Dieses Buch gehört:

Inhalt

Herstellung und Verlag:
© 2017
Herstellung und Verlag: BoD – Books on Demand, Norderstedt.
ISBN: 9783848231546

Vorwort

Kennst du den Film „Ratatouille"? Darin geht es um eine Ratte, die kochen liebt. Mit ihrer Hilfe gelingt es einem tollpatschigen, jungen Burschen meisterhafte Gerichte zu zaubern. Gemeinsam gehen sie auf eine kulinarische Reise.

Du brauchst kein Meisterkoch zu sein, damit du großartig kochen kannst. Wichtig ist allein der Spaß an der Sache.

Hast du dich bereits an dein erstes Rezept gewagt? Wie gut ist es dir gelungen?

Jedes Rezept, das du probierst ist etwas Neues und du kannst etwas Einzigartiges daraus machen. Mit kochen kannst du dir und anderen viel Freude machen.

In diesem Sinn – ran an den Kochlöffel und hab Spaß!

Kleine Kräuterkunde

Wenn du mehr kochst, wirst du auch Kräuter besser kennenlernen. Sie machen Speisen im Geschmack vielfältiger. Ausserdem kannst du mit ihnen mehr experimentieren.

Koche ein Rezept beim ersten Mal mit den angegebenen Zutaten. Schmeckt es dir?
Teste es selber aus. Jeder mag sein Essen etwas anders. Das ist das Schöne am Kochen. Mit Kräutern kannst du jedes Rezept leicht verändern.

Du kannst sie selber im eigenen Kräuterbeet im Garten oder in Kräutertöpfen am Fensterbrett ziehen.

In den normalen Supermärkten gibt es nur wenige, frische Kräuter. Meistens sind es Schnittlauch, Petersilie, Dille und Basilikum. Bei getrockneten Kräutern ist die Auswahl viel größer.

Sie verfügen über viele Vitamine und Mineralstoffe. Oft riechen sie sehr intensiv und unterstreichen geschickt den Eigengeschmack einer Speise.

Weißt du, welche Kräuter sich wofür eignen?

Kräuter im Küchenregal

Basilikum

Magst du Italien, dann schmeckt dir im Regelfall auch Basilikum. Es passt zu Mozzarella mit Tomaten, Sugos, Pesto, Salaten und vieles mehr.

Verwende ihn möglichst frisch. Er verliert schnell an Aroma und Geschmack.

Bohnenkraut

Es passt zu Suppen und Eintöpfen, unterstützt aber auch bei Gemüse und Fleischgerichten.

Immer wenn du mit Hülsenfrüchten kochst, kannst du Bohnenkraut verwenden. Es hilft gegen lästige Blähungen, die bei Bohnen schon mal auftreten.

Bärlauch

Früh im Jahr wächst Bärlauch in den Wäldern. Dadurch gehört er zu den ersten Pflanzen, die nach der Winterzeit Vitamine im Überschuss in sich haben.

Als „kleiner Bruder" des Knoblauchs bedeckt er teilweise riesige Flächen im Wald. Früher war er vor allem bei armen Leuten sehr beliebt.

Vorsicht beim Sammeln – er kann leicht mit giftigen Pflanzen wie Maiglöckchen verwechselt werden.

Sind dir der Geruch und Geschmack von Knoblauch zu scharf, dann ist Bärlauch eine gute Alternative!

Dille

Bereits die alten Ägypter nutzten Dille zum Kochen. Sie passt hervorragend zu Salaten, Suppen, Soßen, Gemüse und Fisch.

Mische sie erst kurz vor dem Servieren zum Essen. Dille verliert schnell an Würzkraft!

Estragon

Er kommt ursprünglich aus den kühlen Regionen Sibirien und Mongolei. An Kälte ist er deswegen gewöhnt.

Verwende ihn sparsam für Suppen, Salate und Fleischgerichte.

Kerbel

Ihn brachten die alten Römer nach Mitteleuropa. Allerdings erst vor knapp 400 Jahren fand er Einzug in die österreichische Küche.

Andere Kräuter darfst du hacken. Beim Kerbel gehören die Blättchen gezupft und dann geschnitten. Verwende ihn frisch, getrocknet verfügt er über wenig Würzkraft.

Kerbel passt gut zu Lamm, Fisch, Suppen und Soßen.

Koriander

Er harmoniert besonders gut zu gebratenem Fleisch, Kraut, Kohl und Hülsenfrüchten.

Beim Koriander wird vor allem der Samen zum Würzen verwendet. Optisch ähnelt er der Petersilie.

Kresse

In der Küche findet sie meistens Verwendung für Brotaufstriche, Salate, Suppen oder Topfenspeisen. Sie neigt dazu, andere Zutaten und Gewürze geschmacklich zu überlagern.

Verzichte darauf, sie zu stark zu erhitzen. Das nimmt ihr die Schärfe und macht sie braun und geschmacklos.

Liebstöckel

Wie andere Kräuter brachten die alten Römer Liebstöckel mit sich. Seine Beliebtheit zeigt sich noch heute in der norditalienischen Küche.

Geschmacklich erinnert er stark an Maggikraut und passt hervorragend zu Suppen, Salaten, Soßen und Eintöpfen.

Allerdings sollte Liebstöckel nur sparsam eingesetzt werden. Sein kräftiges Aroma überlagert leicht andere Gewürze und Kräuter.

Lorbeer

Im alten Rom galt der Lorbeer als Symbol für Sieger. Darum trugen Cäsaren (die Kaiser im Römischen Reich) manchmal Lorbeerkränze.

Ursprünglich stammt er aus Vorderasien. Heutige Anbauflächen finden sich in südlicheren Ländern. Im Norden Europas würde er erfrieren.

Sollen Lorbeerblätter ihr Aroma entfalten, dann brauchen sie Zeit. Darum eignet sich Lorbeer besonders gut für langsame Gargerichte wie Eintöpfe, Suppen oder manche Soßen.

Majoran

Ursprünglich stammt er aus Asien. Heute ist er aus der Küche kaum mehr wegzudenken. Vielseitig einsetzbar passt er zu Eintöpfen, Suppen und Fleischgerichten.

Selbst lange Kochzeiten schaden ihm nicht.

Oregano

Schließ die Augen und iss etwas mit Oregano. Du wirst
dich mit Sicherheit an das Mittelmeer versetzt fühlen. In
mediterranen Gerichten findet sich fast immer Oregano.
Das reicht von Pizza und Tomatensoße bis zu Eierspeisen
wie Omelett.

Oregano passt bestens zu Soßen, Suppen, Fleisch und
Fisch.

Getrockneter Oregano riecht und schmeckt intensiv.
Bietet sich die Möglichkeit ihn frisch zu nutzen, dann
zerreib ihn vor dem Verwenden mit den Händen. Das
streicht den Duft und das Aroma hervor.

Petersilie

Sie gehört zu den beliebtesten Kräutern überhaupt.
Frische oder tiefgekühlt schmeckt sie besser als
getrocknet.

Zu lange Kochzeiten verringern ihr Aroma und den
Geschmack. Lass sie daher nur kurz mitkochen oder
streue sie direkt vor dem Servieren über das Essen.

Besonders vielfältig passt sie zu Salaten, Soßen, Suppen,
Gemüse, Fisch und Fleisch.

Pfefferminze

Ursprünglich stammt sie aus dem Mittelmeerraum. Dank römischer Händler konnte sich die Minze bis nach Großbritannien verbreiten. Von England kam sie nach Deutschland – aber erst im 18. Jahrhundert.

Minze eignet sich vor allem für sommerliche Gerichte. Sie kühlt innerlich und macht zu hohe Temperaturen erträglicher.

Gut eignet sie sich für Pfefferminztee oder britische Gerichte. Sie harmoniert als Minzsoße zu Lamm oder Roastbeef. In orientalischen Gerichten findet sie sich in Chutneys. Manchmal taucht sie bei Obstsalaten oder in Kombination mit Zitrusfrüchten in Rezeptangaben auf.

Meist reichen geringe Mengen, ihre Blätter verfügen über sehr intensives Aroma.

Rosmarin

Bereits für die alten Griechen war Rosmarin sehr wichtig. Sie schmückten ihre Götterabbildungen damit.

Rosmarin passt zu Fisch, Fleisch, Salaten, Suppen, Kartoffeln und Pilzen. Besonders zu deftigen Gerichten harmoniert er.

Meist reicht ein frischer Rosmarinzweig völlig aus.

Salbei

Die antiken Völker (Römer und Griechen) nutzten Salbei gern und viel. Es hieß einst, Salbei solle zu hohem Alter führen.

Salbei gibt es mit verschiedenen Aromen. Die Sorten können über Aromen wie Limonen, Ananas, Eukalyptus, Guaven, Pfirsich oder Marzipan verfügen.

In der Küche passt Salbei zu Kalb, Salaten, Fisch, Huhn, Schwein, Suppen und Käse. Besonders beliebt ist Salbei heute in italienischen Rezepten.

Schnittlauch

Er passt hervorragend zu Butterbroten, Eierspeisen, Salaten, Topfengerichten und Suppen.

Meist reicht eine kleine, geschnittene Menge vollkommen aus. Er schmeckt kräftiger und würziger, aber auch feiner, als seine Verwandten die Zwiebel und der Knoblauch.

Schnittlauch sollte nicht gekocht werden. Das zerstört einen großen Teil der Inhaltsstoffe. Besser ist es, die Speisen erst anschließend damit zu garnieren.

Thymian

Ursprünglich stammt Thymian aus dem östlichen Mittelmeergebiet. In ihm steckt viel Eisen. Außerdem macht er fettige Speisen leichter verdaulich. Je länger er mitkocht, umso besser kann sich sein Aroma entfalten.

Er passt hervorragend zu deftigen Fleischgerichten, Speck, Fisch, Lamm und vegetarischen Rezepten.

In der Kräutermischung „Kräuter der Provence" ist Thymian einer der wichtigsten Bestandteile überhaupt.

Zitronengras

Zitronengras ist häufig Bestandteil asiatischer Kochrezepte. Meist handelt es sich um Fisch-, Huhn- oder Rinderspeisen. Es passt jedoch auch zu Kokossuppen und asiatischen Nudelsuppen.

Die unteren, hellen Teile des Zitronengrases gehören dafür feinwürfelig geschnitten oder im Mörser zerstoßen.

Erhältlich ist Zitronengras meist in asiatischen Läden oder bei „Asia-Wochen" in Supermärkten. Manche haben es als Zimmerpflanze zu Hause.

Speisen und Getränke

Buttermilch Pancakes

Für 3 Personen

Klassisch, amerikanische Frühstückspfannkuchen mit einem Hauch von Ahornsirup.

So lange wirst du brauchen:

ungefähr 25 Minuten

[18]

<u>**Das brauche ich:**</u>

☐ 540 g Allzweckmehl
☐ 3 Esslöffel Zucker
☐ 3 Teelöffel Backpulver
☐ 1 Prise Salz
☐ 750 ml Buttermilch
☐ 3 Eier
☐ 70 g geschmolzene Butter
☐ Öl zum Ausbacken

☐ 1 große Schüssel
☐ 1 Handmixer oder 1 Küchenmaschine
☐ 1 Bratpfanne
☐ 1 Schöpflöffel
☐ 1 Pfannenwender

<u>**So bereite ich zu:**</u>

1. Verrühre Mehl, Zucker, Backpulver und Salz in einer großen Schüssel.
2. Gib Buttermilch, Eier und geschmolzene Butter dazu und vermenge alles mit dem Handmixer oder der Küchenmaschine. Der Teig sollte zähflüssig und cremig sein.
3. Erhitze als nächstes etwas Öl in der Bratpfanne bei mittlerer Hitze. Gib einen kleinen Tropfen der

[19]

Teigmasse in das Fett. Perlt es am Rand, dann ist die Pfanne bereit. Dreh jetzt die Hitze zurück.

4. Nimm einen Schöpflöffel Teig aus der Mischung und gib ihn in die Pfanne.
5. Sobald der Teig fester wird, verflüchtigt sich die Flüssigkeit. Jetzt lässt sich der Pancake leicht mit dem Pfannenwender auf die andere Seite drehen.
6. Sind beide Seiten goldbraun, dann ist der Pancake fertig.

Kleiner Tipp:

Richte die Sachen bereits eine knappe Stunde vor der Verwendung her. Sind die Zutaten bereits auf Zimmertemperatur, dann werden die Pancake flaumiger.

Achte darauf, dass keine Mehlklümpchen im Teig sind. Glatt lässt er sich besser verarbeiten.

Am besten schmecken diese Pancake, wenn du sie heiß genießt. Serviere sie daher möglichst frisch und noch schön warm.

Möchtest du experimentieren?

Misch in den Teig kannst Blaubeeren. Garniere die fertigen Pancake mit frischen Blaubeeren und Schlagsahne.

Verzichte auf den Zucker im Teig. Staple die Pancake übereinander und übergieße sie mit Ahornsirup.

Möchtest du den Teig verfeinern, dann misch Rosinen, Mohn, Nüsse, frische Kräuter, Kakao oder Gewürze dazu.

Nimm das Fett von gebratenen Speckwürfeln statt Öl. Das macht sie geschmacklich pikanter.

Wusstest du schon?

Die Stärke der Pancake ist ihre extreme Vielseitigkeit.

So gut wie jeder liebt sie und isst sie gerne. Je nach Region können sie süß oder salzig schmecken. Andere Varianten sind geschmacklich neutral.

Mit Backsoda, Natron und Backpulver werden sie dicker und flaumiger als Palatschinken. Schnee (geschlagenes Eiweiß) machen sie fluffiger, wenn du es unter den Teig hebst.

Einfache Gemüsesuppe

Für 2 Personen

Schnelle Suppe aus einem simplen Bund Suppengrün.

So lange wirst du brauchen:

ungefähr 15 Minuten

[22]

Das brauche ich:

- [ ] 1 Bund Suppengrün
- [ ] Wasser nach Bedarf
- [ ] 1 Handvoll Reis
- [ ] 2 Suppenwürfel oder 2 Esslöffel Suppenbrühpulver
- [ ] 1 mittelgroße Zwiebel
- [ ] Salz, Pfeffer und Knoblauch nach Wunsch
- [ ] 3 Esslöffel Kidneybohnen

- [ ] 1 großer Kochtopf mit Deckel
- [ ] 1 Messer und 1 Schneidbrett

So bereite ich zu:

1. Wasche den Bund Suppengrün. Schäle die Karotten und die Zwiebel.
2. Schneide sämtliches Gemüse mit dem Messer klein.
3. Gib das klein geschnittene Gemüse, 3 Esslöffel Kidneybohnen, den Reis und Suppenwürfel oder Suppenbrühpulver in den Kochtopf.
4. Fülle alles mit Wasser auf, bis die Zutaten vollständig bedeckt sind.
5. Lass die Suppe 10 Minuten lang kochen. Ist der Reis durch, dann nimm den Topf vom Herd.
6. Schmecke mit Salz, Pfeffer und Knoblauch ab.

[23]

Kleiner Tipp:

Serviere Schwarzbrot oder frische Semmeln dazu. Streue Croûtons und etwas Schnittlauch auf die Suppe.

Möchtest du experimentieren?

Dieses Suppenrezept eignet sich hervorragend als Basisrezept.
Gib mehr Bohnen, Lauch oder andere Gemüsesorten dazu. Mit Speck oder Suppenknochen wird sie deftiger.

Kochst du Pancetta (eine Art Bauchspeck vom Schwein) und eine Dose geschälte Tomaten mit, dann bekommst du eine leichte Version der Minestrone.

Wusstest du schon?

Regionale Suppenspezialitäten sind beispielsweise:

Clam Chowder (_USA_), Gazpacho (_Spanien_), Cock a Leekie (_Schottland_), Mulligatawny (_Indien_)

Leberknödelsuppe (_Bayern_), Basler Mehlsuppe (_Schweiz_), Minestrone (_Italien_), Bouillabaise (_Frankreich_), Windsorsuppe (_England_)

Fritattensuppe

Für 2 Personen

Optimale Verwendung für übrig gebliebene Pancake oder Palatschinken.

So lange wirst du brauchen:

ungefähr 15 Minuten

[25]

Das brauche ich:

☐ 1 L Wasser
☐ 2 Suppenwürfel oder 2 Esslöffel Suppenbrühpulver
☐ 4 Palatschinken oder 4 Pancake

☐ 1 großer Topf mit Deckel
☐ 1 Kochlöffel
☐ 1 Messer und 1 Schneidbrett

So bereite ich zu:

1. Bring zuerst das Wasser im Topf zum Kochen.
2. Schneide die Palatschinken oder Pancake mit dem Messer in dünne, nudelige Streifen. Damit bekommst du die Suppeneinlage „Frittaten".
3. Rühr mit dem Kochlöffel die Suppenwürfel oder das Suppenbrühpulver in das kochende Wasser ein.
4. Verteile die Fritattenstreifen auf die Teller. Übergieße sie mit der fertigen Suppe.

Kleiner Tipp:

Statt Brühpulver kannst du auch eine klassische Suppe aus Knochen und Gemüse zubereiten. Das dauert zwar dann länger, ist aber geschmacklich um einiges intensiver.

Streu auf die Suppe klein geschnittene Petersilie,
Bärlauch oder Schnittlauch.

Möchtest du experimentieren?

Fritattensuppe ist ein typisches „Resteessen". Du kannst
Palatschinken oder Pancake jedoch auch frisch
zubereiten. Lass sie vor dem Zerschneiden abkühlen!

Wusstest du schon?

Die alten Römer nannten die Palatschinken „placenta",
im westlichen Siebenbürgen bekamen diese „Fladen" die
Bezeichnung „platschinta" und wurden auf
eingefetteten Platten aus Sandsteinschiefer gebacken. In
Ungarn heißen sie „palacsinta".

Heute zählt die Frittatensuppe zu den beliebtesten
Suppen Österreichs. Besonders in Wien gilt sie als
Spezialität. Üblicherweise ist die Frittatensuppe eine
Rinds- oder Wurzelsuppe.

Bis weit in das 19. Jahrhundert hinein war „Fritatte" ein
anderes Wort für Palatschinke. Der Ursprung liegt im
italienischen Wort "frittata" und bedeutet „Eierkuchen".

Spaniada

Für 2 Personen

Einfaches, traditionelles Gericht der Mittelmeerküche.

So lange wirst du brauchen:

ungefähr 15 Minuten

[28]

Das brauche ich:

- 300 g weiße Bohnen
- 5 Esslöffel Olivenöl
- 1 mittelgroße Zwiebel
- Salz und Pfeffer nach Wunsch
- Zwieback oder altbackene Semmel
- Suppenbrühe nach Wunsch

- 1 Pfanne
- 1 Messer und 1 Schneidbrett
- 1 Kochlöffel

So bereite ich zu:

1. Schäle und schneide mit dem Messer die Zwiebel in dünne Ringe.
2. Erhitze das Öl in der Pfanne und gib die Zwiebelringe dazu. Brate sie, bis sie goldgelb werden.
3. Gib die Bohnen und je eine Prise Salz und Pfeffer dazu. Rühr mit dem Kochlöffel gut um und lass alles 10 Minuten köcheln. Achte dabei auf mittlere Hitze.
4. Lege je 2 Stück Zwieback oder eine geschnittene altbackene Semmel in die Teller.
5. Teile den Bohnentopf auf die Teller auf und gib ihn auf das Gebäck.

6. Schenke Suppenbrühe nach Wunsch in die Teller.

Kleiner Tipp:

Verfeinere die Spaniada mit klein geschnittener Petersilie oder Schnittlauch.

Möchtest du experimentieren?

Probier verschiedene Ölsorten aus. Bedenke jedoch, Olivenöl schmeckt hier am Besten.

Mische Oliven beim Kochen in die Spaniada. Ersetze die weißen Bohnen durch andere.

Wusstest du schon?

Die Spaniada ist ein Gericht aus den Asterousiabergen Südkretas.

In byzantinischen Rezepten werden oft „Heilige Säfte" erwähnt. Dafür wurden Wasser, Olivenöl und Kräuter zusammen gekocht.

Diese „heiligen Säfte" gossen die Menschen über Brotwürfel und aßen sie als Suppe.

Zum Originalgericht gehört der griechische Zwieback Paximadi. Probier das Rezept damit, sofern du ihn auftreiben kannst.

Faschierter Braten

Für 3 Personen

Einfaches Gericht aus faschiertem Fleisch mit passender Beilage.

So lange wirst du brauchen:

ungefähr 60 Minuten

[31]

Das brauche ich:

- 500 g faschiertes Fleisch
- 1 große Zwiebel
- 12 Cocktailtomaten
- 3 Becher Mini-Mozzarellakugeln
- Salz, Pfeffer und Knoblauch nach Wunsch
- 1 Ei
- Suppenwürze nach Bedarf
- Wasser nach Bedarf

- 1 große Schüssel
- 1 Pfanne für das Backrohr
- 2 Topflappen
- 1 Messer und 1 Schneidbrett

So bereite ich zu:

1. Schäle und schneide die Zwiebel in kleine Würfel und gib sie in die Schüssel.
2. Gib das faschierte Fleisch, das Ei, Salz, Pfeffer und Knoblauch dazu. Vermische die Masse mit den Händen.
3. Forme einen Leib daraus und gib ihn in die Pfanne. Achte bei der Pfanne auf einen hohen Rand.
4. Fülle die Pfanne zur Hälfte mit Wasser auf und gib die Suppenwürze dazu.

5. Lass den Braten für 30 Minuten bei mittlerer Hitze im Ofen.
6. Nimm ihn nach der Zeit aus dem Backrohr. Verwende dazu Topflappen. Sonst verbrennst du dir leicht die Finger an der heißen Pfanne.
7. Schneide den Braten ein. Ist er innen noch zart rosa oder durchgebraten ist er fertig. Braucht er noch etwas Zeit, dann gib ihn für weitere 10 Minuten in das Backrohr zurück.
8. Schneide den fertigen Braten in fingerdicke Scheiben. Teile sie auf die Teller auf.
9. Halbiere die Cocktailtomaten. Gib sie und die Mozzarellakugeln als Beilage zum Braten.

Kleiner Tipp:

Magst du es knuspriger, brate die Scheiben zusätzlich in einer Pfanne heraus.

Saftiger bekommst du den Braten, wenn du ihn alle 10 Minuten mit dem eigenen Bratensaft übergießt. Verwende dazu einen Löffel mit langem Stiel. Damit verhinderst du, dass du dich verbrennst.

Möchtest du experimentieren?

In den Teig kannst du vieles einmischen. Das können Semmelbrösel und Mehl zum Binden sein. Damit erreichst du eine kompaktere Masse. Oder du gibst hart

gekochte Eier hinein – dann bekommst du einen
Stephaniebraten. Du kannst auch einen Teil des
Faschierten durch Haferflocken ersetzen. Sie machen
den Teig flaumiger. Das schmeckt gewöhnungsbedürftig,
aber gut.

Als Beilage kannst du auch Kartoffelpüree, Reis,
Bratkartoffel oder Pommes verwenden.

Wusstest du schon?

Faschiertes ist leicht verdaulich. Das bedeutet, dein
Körper kann es leichter aufnehmen. Allerdings verdirbt
es auch schnell. Verarbeite es möglichst noch am
gleichen Tag.

Schaffst du es nicht, es rechtzeitig zu verarbeiten, dann
frier es ein. Forme dazu flache Fladen und gib sie einzeln
in Frischhaltefolie. Dadurch friert es schneller ein und
taut schneller wieder auf.

Der Faschierte Braten heißt auch „Hackbraten",
„falscher Hase" oder im Englischen „Meat Loaf".

Bratwürstel mit Lauch

Für 2 Personen

Selbst für hartgesottenen Gemüseverweigerer ein Genuß.

So lange wirst du brauchen:

ungefähr 15 Minuten

Das brauche ich:

- [ ] 3 Bratwürstel
- [ ] 1 Stange Lauch
- [ ] 1 Paprika
- [ ] 1 Handvoll Pizzakäse
- [ ] Oregano nach Wunsch
- [ ] Öl für die Pfanne
- [ ] Salz und Pfeffer zum Abschmecken

- [ ] 1 Messer und 1 Schneidbrett
- [ ] 1 backofenfeste Pfanne
- [ ] 1 Kochlöffel
- [ ] 1 Topfhandschuh

So bereite ich zu:

1. Schneide die Bratwürstel und den Lauch in Scheiben.
2. Die Paprika passt am Besten, wenn sie in Würfel geschnitten ist.
3. Erhitze Öl in der Pfanne. Gib Bratwürstel, Lauch und Paprika dazu. Brate die Zutaten gut an.
4. Rühr mit dem Kochlöffel einige Male um. Damit verhinderst du Anbrennen. Würze mit Salz und Pfeffer.

5. Nimm nach 5 Minuten die Pfanne vom Herd.
   Streu Pizzakäse und Oregano drüber und gib die
   Pfanne in den Backofen.
6. Lass die Pfanne 2 Minuten im Backrohr. Nimm sie
   danach mit einem Topfhandschuh wieder heraus.
7. Ist der Käse geschmolzen, dann ist das Gericht
   fertig.

Kleiner Tipp:

Serviere mit getoastetem Weißbrot oder körnigen
Gebäcksorten. Grüner Salat mit Tomaten und ein Becher
Milch passen hervorragend dazu.

Möchtest du experimentieren?

Ersetze die Bratwürstel durch andere, gut gewürzte
Sorten. Beispielsweise eignen sich Nürnberger
Rostbratwürstel, Rauchdürre oder Paprikasalami.

Für die vegetarische Version bietet sich geräucherter
Tofu an.

Wusstest du schon?

Die Nürnberger Rostbratwürste gehören zu den ältesten
Bratwürsten. Als Spezialität der Nürnberger Garküchen
verdankt sie ihre Entwicklung angeblich der Geschichte
der Sperrstunde in Nürnberg.

Sie waren klein genug, um durch das Schlüsselloch gereicht zu werden. Dadurch ließen sich die strengen Amtsvorschriften umgehen. So sollen die Wirte die offizielle Sperrstunde umgangen sein.

Bei Würsten ist der Geschmack sehr wichtig. Oft sind Fleisch, Speck und verschiedene Gewürze und Kräuter die Zutaten.

Vegane Würstel schmecken manchmal täuschend echt. Dabei ist die vegane Wurst keine moderne Erfindung. Bereits 1916 kam Konrad Adenauer auf die Idee, eine „Sojawurst" zu entwickeln. Jahre später wurde er Bundeskanzler.

1916 herrschte akuter Mangel an Fleisch. Mit der Sojawurst sollten die Menschen ausreichend Nahrung bekommen.

Diese Wurst ist der Vorläufer der meisten veganen Würste in den Supermärkten.

Nudeln mit Champignonsauce

Für 2 Personen

Spaghetti mit Gruß vom Herbst, für erfolgreiche Schwammerlsucher.

So lange wirst du brauchen:

ungefähr 25 Minuten

[39]

Das brauche ich:

- Wasser für die Spaghetti
- 250 g Spaghetti
- 100 g Speckwürfel
- 400 g Champignon
- 1 große Zwiebel
- 250 ml Sauerrahm
- Knoblauch, Salz und Pfeffer zum Abschmecken

- 1 Pfanne
- 1 Kochlöffel
- 1 größerer Kochtopf
- 1 Messer und 1 Schneidbrett

So bereite ich zu:

1. Fülle den Kochtopf zur Hälfte mit Wasser und bring es zum Kochen.
2. Gib die Spaghetti dazu und lass sie kochen, bis sie „al dente" sind.
3. Schäle und schneide die Zwiebel mit dem Messer in kleine Würfel.
4. Brate sie zusammen mit den Speckwürfeln in der Pfanne an.
5. Putze und schneide die Champignons in Scheiben. Gib sie anschließend in die Pfanne.
6. Rühre mit dem Kochlöffel den Sauerrahm ein.

7. Schmecke mit Knoblauch, Salz und Pfeffer ab.
8. Sind die Nudeln durch, dann teile sie auf die Teller auf und gib die fertige Champignonsoße dazu.

Kleiner Tipp:

Achte darauf, dass die Spaghetti „al dente" sind. Sie sollten noch etwas Biss haben. Streue etwas Schnittlauch drüber.

Möchtest du experimentieren?

Reibe zwei mittelgroße Karotten in die Soße und brate sie mit den Speckwürfeln gemeinsam an. Nimm ein Eigelb und verquirle es mit einer Gabel.

Rühr es unter die Sauce. Dann wird sie fester. Vermenge die fertige Sauce mit einer kleinen Handvoll fein geschnittener Petersilie.

Wusstest du schon?

Beim Sammeln siehst du nur den Fruchtkörper. Der eigentliche Pilz jedoch lebt unter der Erde. Das nennt sich dann Pilzmycel – es ist ein Geflecht.Das ist so, als würde ein Apfelbaum unter der Erde wachsen und du siehst nur die Äpfel selber aus der Erde herausschauen.

Zwiebelgemüse

Für 2 Personen

Eine gute Alternative zur üblichen Beilage aus Reis oder Kartoffeln.

So lange wirst du brauchen:

ungefähr 15 Minuten

Das brauche ich:

<table>
<tr><td>☐</td><td>4 Äpfel</td></tr>
<tr><td>☐</td><td>4 Zwiebel</td></tr>
<tr><td>☐</td><td>2 Esslöffel Butter</td></tr>
<tr><td>☐</td><td>1 Teelöffel Salz</td></tr>
<tr><td>☐</td><td>125 ml Wasser</td></tr>
</table>

<table>
<tr><td>☐</td><td>1 Pfanne mit Deckel</td></tr>
<tr><td>☐</td><td>1 Kochlöffel</td></tr>
<tr><td>☐</td><td>1 Messer und 1 Schneidbrett</td></tr>
</table>

So bereite ich zu:

1. Schäle die Äpfel mit dem Messer oder einem Sparschäler. Achte darauf, die Kerngehäuse zu entfernen.
2. Entferne die Zwiebelschalen und schneide die Zwiebel in Ringe.
3. Erhitze die Butter in der Pfanne und dünste die Zwiebelringe darin für 5 Minuten an. Sie sollten nicht zu dunkel werden.
4. Gib Äpfel, Salz und Wasser dazu und leg den Deckel auf die Pfanne. Es sollte ein kleiner Spalt bleiben, damit das Wasser verdunsten kann.
5. Lass die Zutaten leicht köcheln. Dreh jedoch die Hitze auf eine niedrige Stufe.

6. Achte darauf, dass die Zutaten nicht anbrennen. Rühr bei Bedarf mit dem Kochlöffel kurz um.
7. Das Gericht ist fertig, sobald das Wasser verdunstet ist.

Kleiner Tipp:

Gib noch einen Klecks Preiselbeermarmelade drauf. Die Süße der Marmelade harmoniert hervorragend mit den anderen Zutaten.

Schäle die Zwiebel unter kaltem, fließendem Wasser. Mach das Schneidbrett nass. Dadurch ersparst du dir Tränen beim Zwiebelschneiden.

Möchtest du experimentieren?

Ersetze die Äpfel durch Birnen. Sie sollten nicht zu hart oder unreif sein. Ältere Birnen verfügen von Natur aus über mehr Süße.

Wusstest du schon?

Ursprünglich stammt die Zwiebel aus Mittel- und Ostasien. Über China und Indien kam sie nach Ägypten. Sie war in der Antike bei Griechen und Römern begehrt und beliebt. Wie viele Kräuter hatten auch römische Soldaten sie in ihrem Gepäck und brachten sie nach Mitteleuropa.

Rührei mit Schinken

Für 2 Personen

Ein Klassiker unter den Eierspeisen. Deftig und sättigend reicht Brot als Beilage völlig aus.

So lange wirst du brauchen:

ungefähr 15 Minuten

[45]

Das brauche ich:

- [ ] 100 g Schinken
- [ ] 8 Eier
- [ ] 1 kleine Zwiebel
- [ ] 4 kleine oder 2 große Essiggurkerl
- [ ] Salz und Pfeffer nach Wunsch
- [ ] Öl nach Bedarf

- [ ] 1 Messer und 1 Schneidbrett
- [ ] 1 Pfanne
- [ ] 1 Schüssel
- [ ] 1 Kochlöffel
- [ ] 1 Gabel oder Schneebesen

So bereite ich zu:

1. Schäle die Zwiebel und schneide sie mit dem Messer in kleine Würfel.
2. Schneide die Essiggurkerl und den Schinken in kleine Würfel.
3. Brate die Zwiebel in der Pfanne in Öl an, bis sie goldgelb werden. Gib Essiggurkerl- und Schinkenwürfel dazu und brate die Zutaten bei niedriger Hitze.
4. Rühre mit dem Kochlöffel um, damit nichts anbrennt.

5. Schlag in der Zwischenzeit die Eier in die Schüssel. Verrühre sie gut mit der Gabel oder dem Schneebesen.
6. Leere die Schüssel über dem Pfanneninhalt aus und rühr mit dem Kochlöffel gut um.
7. Sobald die Eier stocken ist das Rührei fertig.
8. Schmecke mit Salz und Pfeffer ab.

Kleiner Tipp:

Als Beilage passen frisches Schwarzbrot oder Semmeln. Alternativ schmeckt grüner Salat mit Cocktailtomaten und Mozzarella gut dazu.

Möchtest du experimentieren?

Schinkensorten gibt es verschiedene. Hier passt sehr gut passt Toastschinken. Statt Schinken schmecken auch Speck, Pilze, Frühlingszwiebel, Käse und andere Zutaten.

Wusstest du schon?

Beim Eierkauf stolperst du schnell über folgende Größenangaben:

XL/sehr groß	über 73 g	45,7 bis 49 mm
L/groß	63 g bis 73 g	43,5 bis 45,7 mm
M/mittel	53 g bis 63 g	41,1 bis 43,5 mm
S/klein	unter 53 g	41 mm

Schweinefleisch karibisch

Für 2 Personen

Herzhafter Gruß aus der Karibik. Schweinefleisch mit Mango und guten Gewürzen ergibt eine leckere Speise für ganz besondere Tage.

So lange wirst du brauchen:

ungefähr 25 Minuten

[48]

Das brauche ich:

- [ ] 2 Scheiben Schweinefleisch (ungefähr fingerdick)
- [ ] 1 Dose (425 g) Mango
- [ ] Erdnussöl nach Bedarf
- [ ] Salz, Pfeffer, Knoblauch und Grillgewürz nach Wunsch

- [ ] 1 Pfanne mit Deckel
- [ ] 2 Gabeln oder eine Wendezange
- [ ] 1 Teller
- [ ] 1 kleine Schüssel oder Becher

So bereite ich zu:

1. Hol die Mangos aus der Dose und gib den Saft in eine kleine Schüssel oder Becher.
2. Würze Fleisch und Mangos auf beiden Seiten reichlich mit Salz, Pfeffer, Knoblauch und Grillgewürz.
3. Gib das Öl in die Pfanne und erhitze es. Der Pfannenboden sollte leicht bedeckt sein.
4. Brate das Fleisch scharf auf beiden Seiten an. Verwende zum Drehen die Gabeln oder eine Wendezange.
5. Hol das Fleisch aus der Pfanne und leg es auf den Teller. Gib stattdessen die Mangostücke in das Öl und brate jede Seite für 1 Minute an.

[49]

6. Lege als Nächstes das Fleisch zurück in die
   Pfanne.
7. Gieße den Saft aus der Dose dazu und leg den
   Deckel auf die Pfanne.
8. Lass den Inhalt für 5 Minuten schmoren. Dreh
   dazu die Hitze runter.
9. Nimm anschließend das Schweinefleisch aus der
   Pfanne. Gib die gebratenen Mangostücke darauf
   und übergieße mit Bratensaft.

Kleiner Tipp:

Als Beilage passen gebratene Bananen, gekochter Reis
oder frischer Salat.

Möchtest du experimentieren?

Statt Mango bieten sich auch Früchte wie Bananen,
Äpfel oder selbst an.

Welche Früchte findest du derzeit in deinem Obstkorb?
Du kannst jede Einzelne davon probieren! Sie
unterscheiden sich vor allem in Geschmack und
Konsistenz.

Vorsicht mit Trauben, Beeren oder Granatäpfeln. Diese
harmonieren eher mit Eis und Dessertspeisen.

Karibische Rezepte schmecken häufig fruchtig/scharf und exotisch/würzig. Sie sind farbenfroh und meist einfach gehalten. Frisches Obst und Gemüse der Region, Fisch und scharfe Gewürze sind ihr Markenzeichen.

Für manche Rezepte brauchst du allerdings sehr viel Zeit. Ähnlich wie Gulasch brauchen sie Zeit, um richtig gut zu werden. Dadurch kommen Aroma und Geschmack erst richtig zur Geltung.

Karibische Küche ist geprägt von afrikanischen, europäischen, asiatischen Einflüssen. Viele Rezepte tragen die Handschrift der ehemaligen Ureinwohner.

Die deftig, rustikale Cajun-Küche ist französisch ausgerichtet. Die kreolische Küche wiederum wurde von europäischen Einwanderern geprägt. Sie passte sich den lokalen Zutaten an und integrierte Rezepte von Sklaven mit afrikanischen Wurzeln.

Cowboy Bohnen Topf

Für 2 Personen

Ein Rezept wie aus den „Bud-Spencer und Terence-Hill"
Filmen entsprungen – deftig, feurig und voll Bohnen.

So lange wirst du brauchen:

ungefähr 20 Minuten

[52]

Das brauche ich:

- 1 Dose (800 g) weiße Bohnen
- 125 g Speckwürfel
- 1 große Zwiebel
- 1 Prise Paprikapulver
- 1 Esslöffel Cayennepfeffer
- 2 Esslöffel Grillgewürz
- 1 Esslöffel Knoblauchpulver
- 1 Esslöffel Öl zum Anbraten

- 1 Messer und 1 Schneidbrett
- 1 Kochlöffel
- 1 (gusseiserne) Pfanne mit Deckel

So bereite ich zu:

1. Schäle die Zwiebel und schneide sie mit dem Messer in Würfel.
2. Erhitze das Öl bei niedriger Temperatur in der Pfanne. Brate darin die Zwiebel an, bis sie glasig werden. So schmecken sie später besser.
3. Rühre mit dem Kochlöffel leicht um, damit sie nicht anbrennen.
4. Gib die Speckwürfel dazu und brate sie ebenfalls leicht an.
5. Öffne die Dose Bohnen und schütte sie gleich mit der Flüssigkeit in die Pfanne.

[53]

6. Würze mit Knoblauchpulver, Grillgewürz,
   Cayennepfeffer und Paprikapulver.
7. Leg den Deckel auf die Pfanne und lass den Inhalt
   bei geringer Hitze 10 Minuten köcheln.
8. Rühre abschließend alles nochmals durch,
   schmecke mit den Gewürzen nach eigenem
   Gusto ab.

Kleiner Tipp:

Biete als Beilage weißes Brot oder Salzkartoffeln an.

Möchtest du experimentieren?

Ersetze Speckwürfel durch feurige, deftige Würstel.
Magst du es besonders pikant, dann koche frische
Jalapeño mit.

Wusstest du schon?

Das hier angegebene Rezept wurde von einem Fan der
„Bud Spencer und Terence Hill" Filme. In diesen Filmen
siehst du sie manchmal mit einer großen Pfanne
Bohneneintopf und einem riesigen Stück Weißbrot.

Angelehnt an Cowboyküche, spielen sie auf die
Chuckwagen an. In diesen rollenden Feldküchen
bekamen Cowboys meist herzhafte Eintöpfe mit Brot als
Beilage und heißem Kaffee als Getränk.

Wurstsalat

Für 2 Personen

Perfektes Gericht für heiße Sommertage.

So lange wirst du brauchen:

ungefähr 10 Minuten

Das brauche ich:

- [ ] 200 g Extrawurst
- [ ] 1 kleine Zwiebel
- [ ] 1 Stück Mozzarella
- [ ] 6 kleine oder 3 große Essiggurkerl
- [ ] 200 ml Wasser
- [ ] 2 Esslöffel Hesperidenessig
- [ ] 6 Esslöffel Sonnenblumenöl
- [ ] Salz, Pfeffer und Zucker nach Wunsch

- [ ] 1 Messer und 1 Schneidbrett
- [ ] 1 mittelgroße Schüssel
- [ ] 1 kleine Schale
- [ ] 1 Gabel oder Schneebesen

So bereite ich zu:

1. Schneide die Wurst mit dem Messer in feine Streifen, die Essiggurkerl und den Mozzarella in Würfel.
2. Schäle und würfle die Zwiebel. Gib alles in eine mittelgroße Schüssel.
3. Misch Hesperidenessig, Sonnenblumenöl, Salz, Pfeffer und Zucker in der Schale zur Marinade zusammen. Nimm dazu eine Gabel oder kleinen Schneebesen.

4. Gieße diese Mischung mit Wasser auf und gib sie über die klein geschnittenen Zutaten.

Kleiner Tipp:

Biete als Beilage frische Semmeln an. Bestreu den fertigen Wurstsalat noch mit klein geschnittener Petersilie oder anderen Kräutern.

Mische Essig und Öl in einem Verhältnis von 1 zu 3. Für 1 Löffel Essig brauchst du 3 Löffel Öl. Probiere das Dressing, bevor du es über die Zutaten gibst.

Möchtest du experimentieren?

Verwende andere Essig- und Ölsorten. Gute Öle und guter Essig verfügen über leckeren Beigeschmack. Probier beispielsweise Olivenöl und Walnussessig. Verwende rote statt weißer Zwiebel. Das macht eine ansprechendere Optik. Ersetze Mozzarella durch andere Käsesorten wie Emmentaler.

Wusstest du schon?

Die Extrawurst gibt es seit dem 19. Jahrhundert in verschiedenen Variationen. Meist sind darin Schweine- und Rindfleisch mit Speck, Wasser und verschiedenen Gewürzen enthalten.

Eiersalat

Für 2 Personen

Einfacher und schneller Eiersalat, optimal zur
Verwendung zu vieler Ostereier.

So lange wirst du brauchen:

Ungefähr 10 Minuten

Das brauche ich:

- 8 hartgekochte Eier
- 100 g Mayonnaise
- Schnittlauch für die Dekoration
- Salz und Pfeffer nach Wunsch
- 1 Zwiebel
- Senf nach Wunsch
- 4 kleine Essiggurkerl

- 1 Schüssel für die Eier
- 1 Messer und 1 Schneidbrett

So bereite ich zu:

1. Schäl die Eier. Zerdrücke sie mit der Hand und leg sie in die Schüssel.
2. Schäle die Zwiebel. Schneide sie und die Essiggurkerl mit dem Messer klein. Gib beides zu den Eiern.
3. Vermische den Inhalt der Schüssel gut mit Mayonnaise und Senf gut miteinander.
4. Schmecke mit Salz und Pfeffer ab.
5. Streue abschließend noch Schnittlauch auf den Eiersalat, bevor du ihn servierst.

Kleiner Tipp:

Als Beilage bietet sich frisches Gebäck nach Wahl an.
Besonders gut schmeckt Krustenbrot dazu. Der Eiersalat
eignet sich hervorragend als Brotaufstrich oder Beilage
für deftige Gerichte.

Möchtest du experimentieren?

Sellerie, rote Paprika oder Curry verleihen dem Eiersalat
Farbe. Misch Sardellen oder Kapern dazu.

Misch fein gewürfelten Sellerie und 1 Teelöffel Dille nach
Geschmack dazu. Ersetze die Zwiebel durch eine Prise
Zwiebelpulver.

Wusstest du schon?

Eier sind heikel. Bist du dir unsicher, dann teste aus, ob
sie noch gut sind.
Füll ein Glas mit Wasser und gib das Ei hinein.

- Ei am Boden – es ist noch frisch
- Ei am Boden und stellt sich auf – älter aber noch
  essbar
- Ei schwimmt – verdorben, nicht mehr essen

<u>Einfacher Tomatensalat</u>

Für 2 Personen

Tomaten in simpler Version – als Salat, frisch und köstlich zubereitet.

<u>So lange wirst du brauchen:</u>

Ungefähr 10 Minuten

[61]

Das brauche ich:

- 4 mittelgroße Tomaten
- 1 mittelgroße Zwiebel
- Schnittlauch und nach Wunsch
- 200 ml Wasser
- 2 Esslöffel Hesperidenessig
- 6 Esslöffel Sonnenblumenöl
- Salz, Pfeffer und Zucker nach Wunsch

- 1 Gabel oder Schneebesen
- 1 Messer und 1 Schneidbrett
- 1 Schüssel
- 1 kleine Schale

So bereite ich zu:

1. Wasch und schneide die Tomaten in Stücke.
2. Schäle und würfle die Zwiebel in kleine Stücke. Gib Tomaten und Zwiebel in eine Schüssel.
3. Mische Hesperidenessig, Sonnenblumenöl, Salz, Pfeffer und Zucker in der Schale zur Marinade zusammen. Nimm dazu eine Gabel oder kleinen Schneebesen.
4. Gieße diese Mischung mit Wasser auf und gib sie über die geschnittenen Zutaten.
5. Streue Schnittlauch auf den Tomatensalat.

Kleiner Tipp:

Serviere den Tomatensalat als „Beilage" zu einem Hauptgericht deiner Wahl. Besonders gut passt er zu deftigen Speisen.

Ist der Salat dein Hauptgericht, dann serviere frisches Gebäck dazu.

Möchtest du experimentieren?

Im Handel bekommst du verschiedenste Tomatensorten. Teste dich durch. Welche Tomatensorte schmeckt dir am besten für diesen Salat?

Ersetze Zwiebel durch Lauch. Diese kannst du leicht in dünne Ringe schneiden. Streu frisch geröstete Croûtons auf den Salat.

Mit Ziegenkäsestücken, Oliven und Kapern erreichst du eine mediterrane Geschmacksrichtung.

Wusstest du schon?

Frische Tomaten verfügen über eine glatte Oberfläche ohne Verletzungen. Sind sie beim Kaufen nicht ganz rot, lass sie nachreifen. Leg sie dazu neben Äpfel.

Lagere sie dunkel bei Zimmertemperatur. Sie sind kälteempfindlich.

Tzatziki

Für 2 Personen

Ein perfekter Begleiter für gegrillte Speisen und als Solo-Essen bei heißen Sommertagen.

So lange wirst du brauchen:

ungefähr 20 Minuten

[64]

Das brauche ich:

- 2 große Gurken
- 250 ml Sauerrahm
- Knoblauch, Salz und Pfeffer nach Wunsch

- 1 große Schüssel
- 1 Sparschäler
- 1 Reibe

So bereite ich zu:

1. Wasch und schäle zuerst die Gurken. Dazu eignet sich besonders gut ein Sparschäler.
2. Rasple sie mit der Reibe.
3. Drück die Gurkenstifte aus. Sonst wird das Tzatziki zu wässrig.
4. Gib die ausgedrückten Gurkenstifte in die Schüssel. Misch den Sauerrahm dazu. Schmecke mit Knoblauch, Salz und Pfeffer ab.

Kleiner Tipp:

Gekühlt schmeckt es besonders gut. Stell das fertige Tzatziki in den Kühlschrank. Du kannst es auch für den folgenden Tag vorbereiten! So kommt der volle Geschmack besser zur Geltung.

Gleiches gilt auch für den Knoblauch. Hier darfst du damit verschwenderisch umgehen und viel Knoblauch untermischen. Garniere mit etwas gehackter Minze oder Dille.

Servier das Tzatziki mit frischem Schwarzbrot oder aufgeschnittenem Baguette. Das Gebäck sollte möglichst frisch und knusprig sein.

Möchtest du experimentieren?

Statt Sauerrahm kannst du auch griechischen Joghurt nehmen und misch einen Esslöffel Olivenöl darunter. Das macht es cremiger.

Biete Oliven, eingelegte Peperoni und Gurkenscheiben als Beilage an. Statt Schwarzbrot oder Baguette passt auch Fladenbrot oder Pita.

Wusstest du schon?

Bereits im antiken Mesopotamien gab es ähnliche Rezepte.

Heute verbindet fast jeder Tzatziki mit griechischem Essen. Es ist Teil einer typischen, kalten Vorspeisenplatte und meist Beilage für Gyros oder Souvlaki. Besonders gut gelingt es mit dem echten, stichfesten, griechischen Joghurt.

Porridge

Für 3 Personen

Süßer, nahrhafter Haferbrei für die kalte Jahreszeit und
für den Genuß.

So lange wirst du brauchen:

ungefähr 15 Minuten

Das brauche ich:

- [ ] 700 ml Wasser
- [ ] 130 ml Milch
- [ ] 120 g Haferflocken
- [ ] 1/2 Teelöffel Zimt
- [ ] 75 g Rosinen
- [ ] 1/2 Teelöffel Vanilleextrakt oderVanillezucker
- [ ] 3 Eier
- [ ] 1 kleiner, säuerlicher Apfel geschält und in Stücke geschnitten

- [ ] 1 großer Kochtopf
- [ ] 1 Schüssel
- [ ] 1 Kochlöffel

So bereite ich zu:

1. Bring das Wasser im großen Topf zum Kochen.
2. Mische in der Schüssel Milch, Haferflocken und Zimt gut durch.
3. Streue die Mischung langsam in das kochende Wasser ein und rühre mit dem Kochlöffel gut um.
4. Bring den Inhalt erneut zum Kochen und dreh dann die Hitze zurück. Behalte den Topf am Herd, rühre weiter um. Der Brei braucht Zeit zum Eindicken.

5. Der Brei sollte keine zu großen Blasen werfen. Sollte das der Fall sein, dann nimm den Topf kurz von der Herdplatte, bis die Blasen aufhören. Stell ihn anschließend wieder zurück.
6. Schalte den Ofen aus, sobald der Brei die gewünschte Dicke hat. Rühre jetzt die Rosinen, Apfelstücke und die Vanille unter.
7. Schlage die Eier in den Brei und vermenge sie gut mit dem Rest.
8. Teile den Porridge auf die Teller auf und lasse ihn leicht abkühlen, bevor du ihn servierst.

Kleiner Tipp:

Als Süßungsmittel passt Ahornsirup hervorragend. Alternativ eignet sich auch Honig oder simpler Zucker zum Süßen.

Serviere den Brei mit einem Becher Milch.

Möchtest du experimentieren?

Statt Milch kannst du auch Hafermilch verwenden. Ersetze Haferflocken durch Quinoa.

Verzichte auf Süßungsmittel und probier den Porridge leicht gesalzen. So essen ihn die Schotten!

Relativ geschmacksneutral mögen ihn viele gar nicht.
Der Trick beim Porridge sind die Zutaten, die du in den
Brei einmischst. So machst du aus einem recht faden
Essen etwas Leckeres.

Wusstest du schon?

Porridge ist eine sehr gute Proteinquelle und damit ein
Energiebooster für den ganzen Tag. Die vielen Kalorien
in den Haferflocken machen dich nicht dick. Sie liefern
gesunde Energie und machen dich lange Zeit satt.

Porridge stammt ursprünglich aus den schottischen
Highlands. Auf Gälisch heißt er „brochan". Schotten
bevorzugten ihn gesalzen, Engländer mochten ihn lieber
gesüßt.

Im 19. Jahrhundert wunderte sich der englische
Schriftsteller Samuel Johnson über die Liebe der
Schotten zum Haferbrei. Er meinte: „Hafer ist ein
Getreide, mit welchem man in England Pferde füttert,
und das in Schottland Menschen zu ernähren scheint".
Darauf antwortete ihm ein Schotte: „Warum ist England
dann berühmt für seine Pferde und Schottland für seine
Männer?"

Milchreis

Für 2 Personen

Ein süßer Klassiker unter den Kindergerichten.

So lange wirst du brauchen:

ungefähr 30 Minuten

[71]

Das brauche ich:

- 125 g Reis
- 470 ml Milch
- 1 Prise Salz
- 1 Packung Vanillezucker
- 100 g Rosinen
- 1 Ei
- 70 g Zucker
- Kakaopulver

- 1 Kochtopf
- 1 Kochlöffel

So bereite ich zu:

1. Vermenge Milch, Salz und Vanillezucker in einem Topf und erhitze die Milchmischung auf kleiner Flamme. Bilden sich leichte Bläschen, steht die Milch kurz vor dem Kochen.
2. Gib den Reis dazu, lass alles noch einmal kurz aufkochen.
3. Lass den Milchreis 20 Minuten garen. Er sollte weich sein, damit du ihn weiter verarbeiten kannst.
4. Achte darauf, dass er nicht anbrennt. Rühre dazu vorsichtig mit dem Kochlöffel um.

5. Gib als Nächstes die Rosinen, das Ei und den
   Zucker in die Reismischung. Rühre auch jetzt
   noch mit dem Kochlöffel weiter um. Bleib auch
   bei niedriger Temperatur. Milch neigt dazu, leicht
   anzubrennen.
6. Sobald das Ei stockt, ist der Milchreis fertig.
7. Nimm den Topf vom Herd und gib den Milchreis
   in Teller. Streue vor dem Servieren Kakaopulver
   drüber.

Kleiner Tipp:

Kochst du Milchreis bei niedriger Temperatur, dann wird
er cremiger.

Biete als Beilage klein geschnittenes Obst oder Kompott
an. Mit Kakaopulver, Zimt oder Schokosirup kannst du
hervorragend dekorieren.

Wird der Milchreis zu dick, gib zusätzliche Milch dazu.
Lass zu dünnflüssigen Milchreis länger köcheln. Die
Masse dickt allmählich ein.

Anstatt bereits gekochtem Reis kannst du auch
Reiskörner nehmen. Rechne dafür mehr Zeit ein. Der
Reis braucht eine Weile um richtig zu quellen.

Möchtest du experimentieren?

Magst du Milchreis cremiger, dann ersetze die Milch durch Kondens- oder Buttermilch. Beide verfügen bereits über dickere Konsistenz.

Gleiches erreichst du, verwendest du Puddingpulver. Besonders gut passt hier die Sorte Vanillepudding.

Wusstest du schon?

Im 18. Jahrhundert lebten Graf und Reichsfürst Franz Ferdinand von und zu Trauttmanndorff und seine Gattin. Um seine Gäste zu bewirten, ließ er Milchreis kochen. Damit konnte er restliches Obst gut verwenden.

Er nutzte Milchreis als „Resteverwertung", um sich einer fast leeren Speisekammer nicht schämen zu müssen.

Traditionell essen Skandinavier Milchreis zu Weihnachten. Diese Tradition entstammt einer alten Sage. Dort heißt es, man solle am Weihnachtsabend immer eine Schüssel Milchbrei für die Wichtel in den Stall stellen.
Gäbe es keinen Milchbrei, wären die Wichtel verärgert. Das würde Unglück im folgenden Jahr bringen.

Würstel im Schlafrock

Für 2 Personen

Schnell und leicht zubereitet – eine Alternative zum klassischen Hot-Dog.

So lange wirst du brauchen:

ungefähr 15 Minuten

Das brauche ich:

☐ 1 Rolle Kipferlteig
☐ 6 Frankfurter

☐ 1 Backblech
☐ Ausreichend Folie für den Backofen

So bereite ich zu:

1. Heize den Backofen auf 200 Grad Celsius vor.
2. Öffne die Rolle Kipferlteig und hol den Teig heraus.
3. Löse die vorgeformten Dreiecke voneinander.
4. Gib auf jedes der Dreiecke ein Hot Dog Würstel und wickle es gut in den Teig ein. Bedecke das Backblech mit Backfolie. Lege die eingerollten Würsteln darauf.
5. Schieb das Backblech in das Backrohr.
6. Nimmt der Teig goldbraune Farbe an, dann sind die Würstel fertig.

Kleiner Tipp:

Probier verschiedene Teige aus. In den Supermärkten findest du Blätterteig, Kipferlteig und vieles mehr vorgefertigt im Kühlregal. Jeder Teig schmeckt etwas anders.

Möchtest du experimentieren?

Für eine pikantere Version brauchst du noch Speck und
Scheibenkäse. Umwickel die Würsteln erst mit den
Speckstreifen du dann mit den Käsescheiben.
Hülle sie gut in die Teigdreiecke ein. Die Teigstücke
sollten sich gut miteinander verbinden.

Wusstest du schon?

Die Würsteln im Schlafrock finden sich zwischen „Hot
Dog" und „Corn Dog".

Besonderer Beliebtheit erfreuen sich in den USA die
„Corn Dogs". Das sind Würsteln in einem Mantel aus
Maisteig. Sie gehören zu jedem Volksfest unbedingt
dazu. Gegessen werden sie mit Ketchup, Senf oder einer
leckeren Honig-Senf-Soße.

Würsteln in Teig sind mehr als nur eine Leckerei. Sie
eignen sich als Fingerfood für Partys und Feste jeglicher
Art.

Bananen im Speckmantel

Für 2 Personen

Süße Bananen, umhüllt von deftigem Speck in einer
einzigartigen Kombination. Optimal geeignet für
(Kinder)Partys.

So lange wirst du brauchen:

ungefähr 15 Minuten

Das brauche ich:

☐ 3 Bananen
☐ 100 g Bauchspeck

☐ 1 Messer
☐ 1 Bratpfanne
☐ 9 Zahnstocher
☐ 2 Gabeln oder 1 Grillzange

So bereite ich zu:

1. Schäl zuerst die Bananen.
2. Schneide jede mit dem Messer in 3 gleich große Stücke. Du solltest nachher 9 Stück haben.
3. Umwickle die einzelnen Stücke mit Bauchspeck. Stecke anschließend in jedes einen Zahnstocher.
4. Lege die Speckbananen in die Pfanne, bis sie schön knusprig sind.
5. Verwende zum Drehen die Gabeln oder eine große Zange.
6. Serviere sie warm, so schmecken sie besser.

Kleiner Tipp:

Verzichte beim Braten auf Öl. Bauchspeck ist fett genug. Verwende Topfhandschuhe zum Schutz deiner Hände vor Fettspritzern.

Möchtest du experimentieren?

Schneide die Bananen kleiner und wickle sie in die Blätter gut ein. Brate sie in der Pfanne heraus, bestreue sie mit Käse und etwas Oregano. Gib sie kurz in die Mikrowelle oder das Backrohr. Achte darauf, dass der Käse gut geschmolzen ist.

Wusstest du schon?

Speck gibt es in vielen verschiedenen Versionen. Einige schmecken nach Knoblauch, andere fettig oder nach Kräutern.

Du kannst sie auf Bauernmärkten kaufen oder abgepackt in den Supermärkten. Das Fett im Speck kann bei Rezepten das angegebene Öl oder Fett ersetzen. Brätst du ihn in der Pfanne, dann wird das Fett flüssig.

In Amerika und Großbritannien gehört gebratener Speck oft zum Frühstück am Morgen dazu.

Übrigens lässt sich auch die Speckschwarte gut für das Putzen von Schuhen verwenden. Dann bekommen sie keine Schneeränder.

Äpfel im Blätterteig

Für 2 Personen

Süßes Dessert für zwischendurch und zur Verarbeitung alter Äpfel.

So lange wirst du brauchen:

ungefähr 20 Minuten

[81]

Das brauche ich:

- [ ] 2 große oder 4 kleine Äpfel
- [ ] 1 Rolle Blätterteig
- [ ] 1 Ei
- [ ] Zimt und Zucker nach Wunsch

- [ ] 1 Backblech
- [ ] 1 Messer
- [ ] 1 Schüssel
- [ ] 1 Küchenpinsel
- [ ] 1 kleine Schale
- [ ] 1 Gabel

So bereite ich zu:

1. Nimm den Blätterteig aus der Packung und rolle ihn aus.
2. Schneide ihn in gleich große Stücke. Zwischen 6 größeren und 10 kleineren Stück bekommst du aus einer Rolle Blätterteig leicht heraus.
3. Schäle die Äpfel mit dem Messer oder einem Sparschäler. Achte darauf, die Kerngehäuse zu entfernen.
4. Schneide sie in kleine Stücke.
5. Mische sie in der Schüssel mit Zimt und Zucker.
6. Teile diese Mischung gleichmäßig auf die Blätterteigstücke auf. Je kleiner die Apfelstücke

sind, umso mehr bekommst du in ein Stück
Blätterteig hinein.

7. Drück die Stücke gut zusammen.
8. Gib das Ei in die kleine Schale und verquirle es
   mit der Gabel. Bestreich damit die fertigen
   Blätterteigstücke. Nimm dazu den Küchenpinsel.
9. Leg das Stück Backpapier aus der Blätterteigrolle
   auf das Backblech. Gib die fertig gefüllten
   Blätterteigstücke darauf.
10. Schieb das Backblech in den Backofen und lass
    alles etwa 10 Minuten bei geringer Hitze im
    Ofen.
11. Nimm es anschließend aus dem Ofen und lass die
    Stücke vor dem Servieren abkühlen.

Kleiner Tipp:

Das Ei sorgt für eine schöne, goldgelbe Farbe auf den
fertigen Blätterteigstücken. Magst du keine Eier, dann
lass es einfach weg.

Säuerliche Äpfel schmecken in diesem Rezept besser.
Äpfel verfügen von Natur aus über Fruchtzucker. Hast du
keine säuerlichen Äpfel, dann verzichte auf das
Untermischen des Zuckers.

Als Beilage bieten sich Kompott und Schlagsahne (auch
Schlagobers genannt), an.

Möchtest du experimentieren?

Ersetze Äpfel durch andere Früchte wie Birnen
Zwetschken oder Beeren.

Magst du es süßer, dann verwende Marmelade als
Füllung.

Wusstest du schon?

Blätterteig besteht aus Mehl, Wasser und Butter. Du
kannst ihn für vieles verwenden. Darum ist es sinnvoll,
immer etwas davon im Haus zu haben.

Bereits die alten Ägypter nutzten eine Version des
Blätterteiges. Statt Butter gaben sie Olivenöl in ihren
Teig. Das Basisrezept übernahmen die Griechen.
Schließlich brachten die Kreuzritter ihn während der
Kreuzzüge nach Europa.

Nach einer Legende könnte der heutige Blätterteig von
einem Ladenjungen erfunden worden sein. Erst soll er
die Butter im Mürbeteig vergessen haben und
anschließend gab er zu viel Butter dazu.

Wer ihn tatsächlich „erfand", lässt sich allerdings nicht
mehr herausfinden.

Rootbeer Float

Für 2 Person

Amerikanisches Kinderdessert in Shake-Form. Je nach gewählter Rootbeer Sorte schmeckt es nach Caramel, Schokolade oder sogar nach Pfefferminze.

So lange wirst du brauchen:

ungefähr 2 Minuten

Das brauche ich:

- [ ] 4 Kugeln Vanilleeiscreme
- [ ] 2 Dosen Rootbeer
- [ ] Schlagsahne nach Wunsch

- [ ] Große Gläser
- [ ] Pro Glas ein kleiner Teller
- [ ] Pro Glas 1 Strohhalm und 1 Eislöffel

So bereite ich zu:

1. Stell die Gläser auf kleine Teller.
2. Gib in jedes Glas Rootbeer. Lass das obere Viertel frei. Heb etwas Rootbeer auf!
3. Als nächstes nimm für jedes Glas 2 Kugeln Vanilleeis und gibst sie in das Rootbeer.
4. Tröpfle vorsichtig den Rest Rootbeer auf das Eis. Vorsicht! Es wird schaumig!
5. Darauf kommt Schlagsahne nach Wunsch.

Serviere zu jedem Glas einen Strohhalm und einen langen Eislöffel.

Kleiner Tipp:

Streue auf die Schlagsahne Schokostreusel und garniere den Rootbeer Float mit einer Cocktailkirsche.

Hast du Erwachsenen schon einmal zugesehen, wenn sie Bier in ein Glas einschenken? Viele halten dabei das Glas leicht schräg. Probier es mit dem Rootbeer genauso aus. Dadurch gleitet es sanfter in das Glas und schäumt nicht so stark.

Ist der Rootbeer Float als Sommergetränk gedacht, dann stell die Gläser vorher bereits in den Kühlschrank.

Möchtest du experimentieren?

Rootbeer ist in Österreich leider nur sehr schwer zu bekommen. Du kannst es durch Cola ersetzen. Dadurch machst du aus einem „Rootbeer Float" ein „Coke Float" oder eine „Schwarze Kuh".

Tauschst du das Vanilleeis durch Schokoladeneis aus, dann hast du eine „braune, schwimmende Kuh". Träufle Schokoladensirup auf die Schlagsahne und verzichte auf Schokostreusel und Cocktailkirsche.

Wusstest du schon?

In Amerika ist der „Rootbeer Float" sehr beliebt. Es ist ein typisches Kinderdessert, zu dem auch Erwachsene nur schwer Nein sagen können.

Auch wenn es wie Bier klingt, ist Rootbeer ein typisch, amerikanisches Kindergetränk und ähnelt mehr einer Limonade als einem echten Bier. Leider ist es derzeit in Europa noch schwer zu bekommen. Für dieses Rezept kannst du deswegen auf Cola ausweichen!

Seit dem 19. Jahrhundert wird es in Amerika hergestellt. Dabei reichen die Geschmacksvarianten von süßer Schokolade, Lakritze, Zimt und Vanille bis Pfefferminze und scharfen Kräutern. Jede Sorte schmeckt anders. Wer es probiert, weiß anfangs nur wenig damit anzufangen. Dann mag er es oder kann es nicht leiden. Etwas dazwischen gibt es kaum.

Etwas Rootbeer Ähnliches erzeugten bereits die Native American vor über 200 Jahren. Die Quäker und Abstinenzler (diese verzichteten auf Alkohol) nannten es wegen der Wurzel in der Zutatenliste „Root Tea". Um das Getränk auch an Schwerarbeiter in Kohleminen zu verkaufen, kam der Name „Root Beer" auf.

Bananenmilch

Für 2 Person

Bananen passen immer, besonders in flüssiger Form.

So lange wirst du brauchen:

ungefähr 2 Minuten

Das brauche ich:

☐ 3 Bananen
☐ 250 ml Milch
☐ Zucker nach Wunsch
☐ 1 Spritzer Zitronen- oder Limettensaft

☐ 1 Mixbecher
☐ 1 Pürierstab oder Mixer
☐ 1 Löffel

So bereite ich zu:

1. Schäle die Bananen und gib sie mit Milch und Zucker zusammen in den Mixbecher.
2. Rühr mit dem Pürierstab oder Mixer die Zutaten gut durch.
3. Gib abschließend einen kleinen Spritzer Zitronen- oder Limettensaft dazu und rühre mit dem Löffel gut um.

Kleiner Tipp:

Streue etwas Zimt, Schokostreusel oder Kakaopulver auf die Bananenmilch.

Zucker kannst du mit reiferen Bananen sparen.

Möchtest du experimentieren?

Ersetze den Zucker durch Vanillezucker oder mixe Vanillemark dazu. Dann bekommst du eine feine Vanillenote.

Für einen Shake kannst du Vollkornflocken, Beeren oder verschiedene Früchte dazu mixen. Vieles harmoniert mit Bananen.

Tausche Milch durch Alternativen wie Buttermilch, Mandelmilch, Hafermilch, Dinkelmilch oder Sojamilch. Jede Variante verändert den Geschmack der Bananenmilch.

Wusstest du schon?

Milch verfügt über hohen Nährwert. Darum gilt es als Nahrungsmittel und nicht als Getränk. Sie gilt als wichtige Kalziumquelle und soll für feste Knochen sorgen.

Wenn du Kuhmilch nicht magst oder nicht verträgst, weiche auf Schafmilch oder Ziegenmilch aus. Fast immer kann Milch auch durch Alternativen wie Reismilch, Sojamilch, Hafermilch oder andere Pflanzenmilch ersetzt werden. Du bist also nicht gezwungen, Tiermilch zu verwenden.

Milch im Badewasser soll auch der Schönheit zugute kommen. Eine der schönsten Frauen der Geschichte badete regelmäßig in Eselsmilch. Ihr Name war Kleopatra und sie regierte das große, ägyptische Reich der Pharaonen.

Um es ihr nachzumachen, gib 3 Liter Milch in normales Badewasser. Normale Kuhmilch reicht völlig aus.

Alternativ kannst du einen Wattebausch in Milch tränken. Drücke ihn leicht aus und tunke ihn als Nächstes in Sonnenblumenöl. Damit lässt sich Make-up gut abwaschen. Spül die Haut anschließend noch lauwarm ab. Lass sie an der Luft trocknen.

Milch ist ein guter „Ersatz" für teure Mittel wie Cremes. Du hast in ihr ähnliche Zutaten mit gleichem Effekt um einen geringeren Preis.

<u>Nachwort</u>

Mit jedem Rezept lernst du Neues dazu und entwickelst dich weiter.

Halte fest, welche Rezepte dir besonders gelungen sind.
Nimm dir ein kleines Notizheft.
Beschrifte es mit **„Mein Kochbuch!"**
Schreib darin gekochte Rezepte auf und notiere dazu:

> ➤ Hat es dir geschmeckt oder mochtest du es gar nicht?
> ➤ Hast du etwas verändert?
> ➤ Ist es dadurch besser geworden?

Mit der Zeit entwickelst du dadurch ein gutes Gefühl fürs Kochen.

Früher führten viele Hausfrauen solche Büchlein und vererbten sie ihren Kindern weiter. Frag in deiner Familie herum, ob jemand so ein Sammelwerk hat. Du kannst daraus vieles lernen und dir eigene Tricks aneignen.

In diesem Sinne:
Mahlzeit!

[93]

Weitere Kochbücher der Autorin

erschienen im Verlag „Books on Demand"

Kleine Küchenfee: Einfache Rezepte für Kids zum Selbermachen

ISBN: 978-3744830638

Soldierfood Europa: Was der gemeine Soldat auf den Teller bekam! Rezepte inklusive!

ISBN: 9783744809917

Kulinarisches aus Wald und Flur: Rezepte für Waldläufer, Survivalisten und Outdoorfans

ISBN: 9783743190764

Rezepte einer Küchenmagd: Rezepte für LARPs und andere Events

ISBN: 9783739210513